弱火で放っておくだけ

いちばん簡単！

ストウブ
はじめまして
staub

大橋由香

家の光協会

はじめに

本書を手に取っていただき、ありがとうございます。
第3弾となる「ストウブはじめまして」シリーズ。

今回は新たな手法「弱火スタートでほったらかし」の、いちばん簡単なストウブ活用レシピを中心にご紹介します。
今までは中火にかけ、ふたの隙間から蒸気が出たら極弱火で〇〇分、というルールが基本でしたが、今回弱火スタートにすることにより、「なんてお肉が柔らかいんだ！　そしてなんて野菜が甘いんだ！」とびっくりするくらいの仕上がりになりました。

そして途中で（ふたの隙間から蒸気がもれる場合は極弱火にしていただきたいルールはあれど、）火加減を調整することなく調理が終了。
時間はかかるけれど手間をもうひとつ減らし、さらに食材もよりおいしくなる、嬉しいことだらけのレシピです。

日々私のレシピも進化（シンプル化？）しています。
ストウブを使う料理がより簡単に、よりおいしく。
食卓に笑顔がもっとあふれるよう願っております。

大橋由香

CONTENTS

- 2 はじめに
- 6 これまでにない簡単さ！
  新・無水調理とは？
- 8 新・無水調理は……
  基本プロセスがこれだけ！
- 10 いちばん簡単でおいしい
  新・無水カレー
- 12 新・無水調理は……
  ストウブの特性を最大限に生かした
  画期的な調理法
- 14 ほったらかし加熱中の鍋の中は
  まるで……魔法のサウナ！
- 16 火加減をおさらい
- 16 本書のルール

Part 1
新・無水調理！
弱火ほったらかし主菜

- 18 鶏むね肉のチーズソテー
- 20 鶏むねのチンジャオロース
- 22 鶏むね肉のチリトマ煮込み
- 24 なすと鶏もものしょうが煮込み
- 25 鶏の照り焼き
- 26 豚こまハヤシ
- 28 豚こま柳川煮
- 29 豚こまジンギスカン
- 30 タンドリーポーク
- 32 豚の黒酢煮込み

34	はんぺんの肉巻き
36	豚とキャベツのミルフィーユ
38	ちぎり厚揚げのとろとろ豚肉
40	鶏ひき麻婆大根
42	大きな肉だんごの食べるスープ
44	野菜肉みそ
46	いちばん簡単な肉じゃが
48	牛のバジル煮込み
50	ツナときのこのエスニックカレー
52	ガーリックシュリンプ

54	「いちばん簡単」の代表作 ストウブサラダチキンはいかが？

Part 2

手間なし
野菜の副菜

56	キャベツのオイル蒸し
58	キャベツとわかめのナムル
59	キャベツのおかかバターポン酢
60	ミニトマトの肉巻き
61	油揚げのチーズトマト煮
62	青のりポテト
63	ヨーグルトポテサラ
64	長ねぎのサブジ
65	長ねぎの簡単だしびたし
66	白菜とかまぼこのエスニック蒸し
67	白菜のイタリアンソテー
68	小松菜と厚揚げの煮物

68	小松菜の中華炒め
69	キャラメルにんじん
69	しぐれ煮にんじん
72	もやしとツナのカレーちゃんぷる
72	もやしときくらげのナムル
73	大根の紅白ごま煮
73	大根のしょうが焼き

76	**column** 簡単で最高！ 理想の銀シャリの炊き方

Part 3

ワンストウブ主食

78	ラグーパスタ
80	レモンクリームペンネ
82	鍋焼きうどん
84	みそ煮込みうどん
86	サンラータン煮込み麺
88	煮込み五目麺
90	チーズリゾット
92	海鮮塩雑炊

94	INDEX

※本書の使い方・ルールはp.16をご参照ください。

これまでにない簡単さ!
新・無水調理とは?

素材の旨みが凝縮

弱火のほったらかし調理だから
簡単さがパワーアップ

調味料も油も最小限

（ ここが嬉しい 3つの"簡単" ）

1 切ったそばから鍋にイン。
　だからバットいらず！

「全ての食材を切って〜」から始まるのが一般的なレシピですが、新・無水調理はその常識を覆します。1つ食材を切ったら、まな板から鍋へザッと入れて、次の食材を切ったら重ね入れて……を繰り返すから、切った食材の一時保管スペースは不要。まな板上の混み合いも、バットの洗い物もナシ！

まな板から直行！

2 コールドスタート。
　だから事前炒めなし！

冷たい鍋に材料を入れて火にかける「コールドスタート」！ 「野菜を炒めてから肉を加える」「さしすせその順に調味料を加える」これら段階的な工程はナシ！ 材料をセットしたら、ふたをして火にかけるだけ。次にふたを開けるときには、食材に火が入り、旨みや味が行き渡って、料理の完成までひとっ飛び。

冷たい鍋に材料を入れてから着火

3 ほったらかし調理。
　だから鍋の番をしなくていい！

新・無水調理は「中火で鍋の中に蒸気を充満させてから、火を弱める」より、もっと簡単にアップデート。「弱火にかけたら、タイマーに時間をセット」で、終わり！ 加熱中は、洗い物をしても、スマホをいじっても……他のことに意識を向けて大丈夫。鍋に張りつかなくても、ストウブが調理を進めてくれます。

器の用意や洗い物をする余裕アリ

Before

> ほったらかしで
> できちゃった♪

After

> 新・無水調理は……

基本プロセスが これだけ！

> 作り方

鍋にセット

冷たい鍋に、食材や調味料をレシピ通りの順番に重ねて入れていく。

弱火でほったらかし

ふたをして弱火にかけ、ほったらかしでレシピ通りの時間加熱する。

途中で蒸気が出ていたら極弱火に！
鍋が頂点まで温まったサインなので、焦げないよう火を弱めましょう。

でき上がり！

仕上げにハーブを飾ったり、混ぜたりする場合もありますが、基本的には、もう完成。

無水カレーも手間なく完成

油っこくないのにコクがある

野菜が甘い

全部食材のおいしい水分

➡次ページでプロセスを詳しく紹介

> 基本の新・無水調理

面倒がない 水を使わない
いちばん簡単でおいしい 新・無水カレー

野菜は1個使い切り！

材料 2人分

豚こま切れ肉 … 200g
玉ねぎ … 1個 (200g)
にんじん … 1本 (150g)
カレー粉 … 大さじ2
トマトピューレ … 200g
オリーブ油 … 小さじ1
塩 … 小さじ1

たったこれだけ！

使う道具

まな板
包丁

ストウブ

シリコン
スプーンや
木べら

鍋つかみも
あると便利

作り方 <u>鍋にセット</u>

1 材料を出す
使う材料をキッチンの作業台に出す。

2 切って入れる
玉ねぎは四つ割りにした後、1cm厚さに切る。鍋にオリーブ油、玉ねぎを順に入れる。

弱火で30分

6 基本的にはほったらかし
ふたをして弱火にかけ、30分加熱する。

> ふたの隙間から蒸気が出ていたら極弱火に

> 火が消えるギリギリまで弱くして

"おいしい"への最短距離を目指して、極限まで引き算。
道具も手間も調味料も最小限。
だけど食材のポテンシャルを最大限に引き出す調理法だから、
「これだけで、なんで⁉」と二度見するほどの、奥深いおいしさに。

\ 玉ねぎの上にのせて /

3 切って重ね入れる
にんじんは小さめの乱切りにし、2に重ね入れる。にんじん・じゃがいもなどは鍋底に触れないようにすると煮崩れない。

4 広げ入れる
豚肉は大きければ切り、3に広げて重ね入れる。広げて入れると硬くならない。

 もったいないテク

空いたトマトピューレの瓶に50mlの水を入れ、ゆすいで加えてもOK。きれいに使い切れます。

5 調味料を入れる
カレー粉、塩、トマトピューレを加える。

仕上げ

7 混ぜて完成
ふたについた旨みを含んだ水分（アロマ・レイン）を戻し入れて混ぜる。

でき上がり！

> 新・無水調理は……

ストウブの特性を最大限に生かした画期的な調理法

本書は直径20cmのピコ・ココット ラウンドを使っています
「ファーストストウブ（はじめてのストウブ）」を選ぶなら、主菜、副菜、主食とオールマイティーに使える、直径20cmサイズがイチオシ！

ストウブの3大特性

1 ふたが重い
➡ 香りや旨みを閉じ込める

蒸気に持ち上げられてガタガタ動くことのない、ずっしりと重いふたのおかげで、気密性と蓄熱性が高いのが特徴。鍋の中を密閉に近い状態にできるので、蒸気と共に香りや旨みを閉じ込めて、おいしさを逃しません。

イボイボはピコといいます！

2 ふたの裏にイボイボがある
➡ おいしさが降り注ぐ

ふた裏の突起物「ピコ」の役割は、食材の旨みを含んだ水分でできた蒸気を、鍋の中へ雨のように降らせること。おいしい雨（＝アロマ・レイン）が食材に降り注いで染み込んでいくので、ジューシーで奥深い味わいに。

3 厚手のつくり
➡ ムラなく熱が回り、温度をキープ

熱伝導性の高い鋳物ホーロー素材でできたストウブは、ふたをして加熱すると、ムラなく熱を伝えて温度を蓄え、鍋の中がオーブンのような状態に。食材の水分を蒸気に変えて鍋の中で対流させることで、無水調理が叶います。

staub

ほったらかし加熱中の鍋の中は
まるで……魔法のサウナ！

start

塩分で食材から水分がじわり
塩をふったり、調味料を加えたりした食材から、浸透圧によって水分が出てきます。

水分が蒸気に変化
加熱されることで食材の水分が蒸気となって立ち上り、鍋の中にたまっていきます。

魔法のサウナ効果を生かすには
重ねる順番が大切

蒸気をうまく引き出し循環させる、
重ね順の基本ルールを、
新・無水カレーを例に見てみましょう。

新・無水カレーの場合

加熱調理中のストウブの中では、
スチームオーブンやサウナのような、
熱と蒸気の作用による対流の変化が。
鍋の中で何が起きているのか、
なぜ水なしで焦げないのか、ご説明します。

> ずっと弱火加熱の
> 「新・無水調理」は
> 温度上昇がゆるやかだから、
> 火力調整が難しくなく
> ほったらかし調理でうまくいく！

旨みの雨になって降り注ぐ

蒸気がふたの裏の突起物「ピコ」を伝い、旨みを含んだ水滴として食材に降り注ぎます。

鍋の中で旨みが循環

蒸気が鍋の中で対流し、旨みが循環して、全体に染み渡っていきます。

④トマトピューレ・調味料 　水分が多い食材は一番上に。加熱中に水分が全体に回って、味がなじんでいきます。調味料には、浸透圧で食材の水分が出やすくなる効果もあります。

③豚肉 　野菜から出た蒸気で蒸すと柔らかく仕上がるので、肉は野菜の上、または野菜でサンド。

②にんじん 　煮崩れやすいにんじんやじゃがいもの形を残したいときは、鍋底に触れない位置に。

①玉ねぎ 　焼くことで甘みや水分が出やすい玉ねぎや長ねぎは一番下に。

Check!
火加減をおさらい

ほったらかし調理で簡単！とはいっても、無水調理の恩恵を最大限に受けるなら、
火加減だけは覚えておいて。

弱火
鍋底に火が直接当たらないくらいの火加減。10段階のIHコンロの場合は、2〜3くらい。
一般的な弱火より少し弱めが◎

極弱火
火が消える寸前くらいのとろ火。10段階のIHコンロの場合は、1〜2くらい。
保温するくらいの気持ちで！

本書のルール

〈火加減について〉

・ふたの隙間から蒸気がもれ出ていたら、熱が頂点まで達したサイン。加熱を弱める必要があるので、極弱火にしましょう。

ゆらゆらと蒸気が！

〈ストウブについて〉

・ピコ・ココット ラウンド（直径20cm）で作る想定のレシピで紹介していますが、容量が同じくらいの直径22cmや23cmのオーバルでも、ほとんど同じように作れます。

・鍋は使い終わったらよく洗い、乾いた布で水気をよくふき取って保管してください。濡れたままだと、さびの原因になります。

・本体とふたの裏のフチの部分は、さび止め処理を行っていないので、水気が残っていると、さびやすくなります。さびてしまったら、中性洗剤で洗浄した後で水気を取り、予防のために食用油をぬってください。

・鍋内側のエマイユ加工（ホーロー加工）を傷つけないよう、シリコン製や木製の調理器具を使うようにしましょう。

〈調味料について〉

・レシピでは、塩味がマイルドでコクのある、精製されていない塩を使っています。レシピがシンプルだからこそ、調味料にこだわってみるのもおすすめです。

・バターは有塩のものを使っています。

・「油」と表記している場合は、サラダ油などお好みのものをお使いください。

〈レシピについて〉

・鍋の中の食材の量が多すぎたり、少なすぎたりすると、うまく加熱できないので、レシピ通りの分量で作りましょう。

・大さじ1＝15㎖、小さじ1＝5㎖、1合＝180㎖です。

・にんにく、しょうがの1かけは10g程度です。

・野菜は特に表記のない限り、洗う、皮をむく、芽を取るなどの下ごしらえは省略しています。また、個数に対する重量は目安です。

・調理時間は目安です。火加減や調理環境によって異なりますので、様子を見ながら加減してください。

Part 1

新・無水調理！
弱火ほったらかし
主菜

献立のメインになれる、肉・魚介料理が
「弱火で30分」がベースのほったらかし調理で完成。
ふたをしたストウブ内で加熱が進むから、油ハネでコンロを汚さず、
途中で混ぜたり、炒めたり、返したり、
調味料を足したりしなくていいので、慌てることがありません。

鶏むね肉

鶏むね肉のチーズソテー

柔らかな鶏むね肉の中から、チーズがとろり。
くたくたになったブロッコリーと少しだけ溶け出したチーズのソースが絶品です。

材料　4人分

鶏むね肉 … 2枚（1枚300g）
ブロッコリー … 1/4株（100g）
ピザ用チーズ … 40g
塩 … 小さじ1
米粉 … 大さじ1
オリーブ油 … 小さじ2

作り方

鍋にセット

❶ 鶏肉は観音開きにし、全体が均一な厚みになるよう包丁の背でたたく（**a**）。塩をふり、チーズを包むように巻き（**b**）、それぞれつま楊枝3本で刺して留める（**c**）。米粉をまぶす。
❷ 鍋にオリーブ油、皮目を下にした①を順に入れる。ブロッコリーは小さく切ってのせる。

弱火で30分

ふたをして弱火にかけ、30分加熱する。

POINT

厚い部分を薄くすると
巻きやすく、
火の通りが均一になる

鶏肉の皮目を下にしておき
チーズを手前にのせ、
のり巻きの要領で巻く

つま楊枝で固定すると
扱いやすい

返すと
皮目はこんがり

鶏むね肉

鶏むねのチンジャオロース

鶏むね肉がプリンと弾力ある食感！ 片栗粉には自然なとろみがつく効果も。
野菜は一般的なチンジャオロースより太めに切るのが、食感を残すコツです。

(材料) 2人分

鶏むね肉 … 1枚（300g）
ピーマン … 3個（90g）
赤パプリカ … 1個（160g）
にんにく（みじん切り）… 1かけ分
A｜塩 … 小さじ1/2
　｜しょうゆ … 大さじ1
　｜砂糖 … 小さじ1
　｜片栗粉 … 大さじ1
ごま油 … 小さじ1

(作り方)

鍋にセット

❶ ピーマン、パプリカは1cm幅に切る。鍋にごま油、ピーマン、パプリカを順に入れる。
❷ 鶏肉は皮を外し、太さ1cmの棒状に切る。Aをまぶして①に重ね入れ、にんにくをのせる。

弱火で20分

ふたをして弱火にかけ、20分加熱する。

鶏むね肉

材料　2人分

鶏むね肉 … 1枚 (300g)
玉ねぎ … 1/2個 (100g)
かぼちゃ … 1/6個 (240g)
カットトマト缶 … 1缶 (400g)
チリパウダー … 小さじ2
A｜塩 … 小さじ1/2
　｜片栗粉 … 大さじ1
オリーブ油 … 小さじ1

作り方

鍋にセット

❶ 玉ねぎ、かぼちゃは1cm角に切る。鍋にオリーブ油、玉ねぎ、かぼちゃを順に入れる。
❷ 鶏肉は1cm厚さのそぎ切りにし(**a**)、**A**をまぶして(**b**)、①に重ね入れる。トマト缶、チリパウダーを加える。

弱火で30分

ふたをして弱火にかけ、30分加熱する。

POINT

そぎ切りにするのが
柔らかく仕上げるコツ

まな板上で下味を。
洗い物が最小限に

鶏むね肉のチリトマ煮込み

重ね蒸しの際は、おいしい甘みと水分が出やすい野菜（この場合は玉ねぎ）を一番下に。
チリ風味の煮込みですが、風味だけで辛くはないので、子どももOK。

鶏もも肉

なすと鶏もものしょうが煮込み

丸ごと1本のなすがジューシー。切り目の効果で、味がよく染みています。
食材のおいしい水分で煮込むので、甘み調味料なしでも奥深い味わいに。

材料　2人分

鶏もも肉
　… 2枚 (1枚300g)
塩 … 小さじ1/2
長なす … 4本 (400g)
しょうが (みじん切り)
　… 1かけ分
しょうゆ … 大さじ1
オリーブ油 … 小さじ1

POINT

切り目を入れると
中まで味がしみ込む

作り方

鍋にセット

❶ なすはヘタを取り、数か所切り目を入れる (**a**)。鍋にオリーブ油、なすを順に入れる。

❷ 鶏肉はそれぞれ4等分に切り、塩をまぶして、①に重ね入れる。しょうがをのせ、しょうゆを加える。

弱火で40分

ふたをして弱火にかけ、40分加熱する。

仕上げ

火を止めて混ぜる。ふたをして冷めるまでおくと味がよりなじむ。

鶏の照り焼き

肉汁を閉じ込め、自然なとろみをつけてくれる片栗粉を肉にまぶして。
無水調理だからこその肉やきのこの旨みが、照り焼きだれのベースに！

材料 2人分

鶏もも肉 … 2枚（1枚300g）
エリンギ … 1パック（100g）
いんげん … 8本
A | 塩 … 小さじ1/2
　 | 片栗粉 … 大さじ2
しょうゆ・みりん … 各大さじ2
油 … 小さじ2

POINT

たれがからむよう
片栗粉でコーティング

作り方

鍋にセット

❶ 鶏肉はそれぞれ4等分に切り、Aをまぶす（a）。鍋に油、鶏肉を順に入れる。
❷ エリンギは長いものは半分の長さに切ってから1cm厚さに切り、①に重ね入れる。

弱火で30分

ふたをして弱火にかけ、30分加熱する。いんげんは半分の長さに切る。

仕上げ

いんげん、しょうゆ、みりんを加えて中火にし、ときどき混ぜながら、とろみがつくまで1〜2分加熱する。

豚こま切れ肉

材料　2人分

豚こま切れ肉 … 200g
玉ねぎ … 1個(200g)
しめじ … 1パック(160g)
トマトピューレ … 150g
生クリーム(または牛乳・無調整豆乳)
　　… 100mℓ
塩 … 小さじ1/2
ウスターソース … 大さじ1
オリーブ油 … 小さじ1
(好みで)ご飯・パセリ(みじん切り) … 各適量

作り方

鍋にセット

❶ 玉ねぎは繊維を断つように薄切りにする。鍋にオリーブ油、玉ねぎを順に入れる。石づきを取ったしめじをほぐしながらのせる。
❷ 豚肉に塩をまぶして①に広げ入れ、トマトピューレ、ウスターソースを加える。

弱火で30分

ふたをして弱火にかけ、30分加熱する。

仕上げ

生クリームを加え、中火にしてひと煮立ちさせる。好みでパセリをふったご飯とともに器に盛る。

豚こまハヤシ

ルウやデミグラス缶いらずなのに、旨みやコクがたっぷり。
生クリームを牛乳や豆乳にするとあっさりめの仕上がりになって、よりヘルシー。

豚こま切れ肉

豚こま柳川煮

野菜の水分による蒸気で肉に火が入って、ふっくら柔らかな仕上がりに。
ごぼうの香りも風味豊かな調味料！ 卵は余熱で火を入れて。

材料 2人分

豚こま切れ肉 … 200g
ごぼう … 1/2本（150g）
長ねぎ … 1本（180g）
卵 … 2個
A | しょうゆ・みりん・酒
　　… 各大さじ2

作り方

鍋にセット

❶ ごぼうはささがきにし、鍋に入れる。長ねぎは斜め薄切りにして、鍋に重ね入れる。
❷ 豚肉は食べやすい大きさに切って①に広げ入れ、Aを加える。

弱火で20分

ふたをして弱火にかけ、20分加熱する。

仕上げ

ひと混ぜして中火にし、沸騰したら卵を溶いて加える。火を止めてふたをし、1分ほどおいて半熟状に火を通す。

豚肉
長ねぎ
ごぼう

豚こまジンギスカン

調味料は肉にもみ込んだ下味だけ。加熱中に味が回って、野菜もご飯が進む味わいに。
ケチャップやオイスターソース、そして食材から出た旨みのコラボが絶品！

材料　2人分

豚こま切れ肉 … 200g
キャベツ … 1/4個（250g）
にんじん … 1/2本（75g）
にんにく（みじん切り）… 1かけ分
A｜トマトケチャップ・
　｜オイスターソース・
　｜砂糖 … 各大さじ1
ごま油 … 小さじ1

作り方

鍋にセット

❶ キャベツは5cm角に切る。鍋にごま油、キャベツを順に入れる。にんじんは千切りにして重ね入れる。
❷ 豚肉はAをもみ込んで、①に重ね入れ、にんにくをのせる。

弱火で30分

ふたをして弱火にかけ、30分加熱する。

豚ロース肉

材料　2人分

豚ロース肉（とんかつ用）… 2枚（300g）
玉ねぎ … 1個（200g）
じゃがいも … 1個（150g）
にんにく（みじん切り）… 1かけ分
A｜塩 … 小さじ1/2
　｜プレーンヨーグルト … 50g
　｜トマトケチャップ … 大さじ2
　｜カレー粉 … 大さじ1
オリーブ油 … 小さじ1

作り方

鍋にセット

❶ 玉ねぎは8等分のくし形切りにする。鍋にオリーブ油、玉ねぎを順に入れる。じゃがいもは3cm角に切り、重ね入れる。
❷ 豚肉は4等分に切ってAをもみ込み（a）、①に重ね入れてにんにくをのせる。

弱火で30分

ふたをして弱火にかけ、30分加熱する。

仕上げ

火を止めて混ぜる。ふたをして10分おく。

POINT

ヨーグルト入りの下味で肉を柔らかく

タンドリーポーク

身近な調味料を組み合わせるだけで作れる、インド風の本格味にびっくり！
仕上げの余熱調理で、じゃがいもと厚切り肉にじっくり火を通します。

豚ロース肉

豚の黒酢煮込み

黒酢が肉料理を軽やかに、風味よく。鍋が冷めるまでおくことで余熱調理が進み、長時間とろ火で煮込んだような、柔らかくも煮崩れ知らずの火入れを実現。

材料 4人分

豚肩ロースブロック肉 … 500g
砂糖・しょうゆ … 各大さじ2
黒酢 … 大さじ3
(好みで)パクチー(ざく切り) … 適量

作り方

鍋にセット

豚肉は3cm角に切る。鍋に豚肉を入れ、砂糖、しょうゆ、黒酢を加える。

弱火で30分

ふたをして弱火にかけ、30分加熱する。

仕上げ

火を止めて、そのまま鍋が冷めるまでおく。食べるときに温め、器に盛って好みでパクチーを飾る。

豚バラ肉

はんぺんの肉巻き

豚バラ肉から出てくる脂でこんがり香ばしく焼けるから、油いらず。
火が入って味が凝縮したえのきが、旨みたっぷりの"食べるソース"に！

| 材料 | 2人分

豚バラ薄切り肉 … 8枚（240g）
はんぺん … 1枚（100g）
青じそ … 8枚
えのきたけ … 1パック（180g）
塩 … 小さじ1/2
しょうゆ … 大さじ1

| 作り方 |

鍋にセット

❶ はんぺんは8等分に切る。豚肉1枚に青じそ1枚、はんぺん1切れをのせて巻く（a）。これを8個作り、巻き終わりを下にして鍋に並べ入れる。
❷ えのきたけは石づきを取り、長さを半分に切る。ほぐしながら①にのせ、塩をふる。

弱火で20分

ふたをして弱火にかけ、20分加熱する。

仕上げ

しょうゆを加えて混ぜる。

POINT

端からクルクル巻くとゆるまない

豚バラ肉

豚とキャベツのミルフィーユ

豚のコクが移ったキャベツ、野菜の水分でしっとり蒸し上げられたお肉、
加熱してとろりと甘みが出たトマトが一体に！ 食材の相乗効果に感動するはず。

(材料) 2人分

豚バラ薄切り肉 … 200g
キャベツ … 1/4個（250g）
トマト … 1個（200g）
塩 … 小さじ1/2
オリーブ油 … 小さじ1

(作り方)

鍋にセット

❶ キャベツは芯をつけたまま、縦半分に切る。鍋にオリーブ油、キャベツを順に入れる。
❷ 豚肉は10cm幅に切り、キャベツの葉の間にはさむ（**a**）。トマトは2cm角に切って重ね入れ、塩をふる。

弱火で30分

ふたをして弱火にかけ、30分加熱する。

POINT

鍋の中で肉をはさむと形が崩れにくくラク！

豚バラ肉

材料 2人分

豚バラ薄切り肉 … 200g
厚揚げ … 1個（120g）
長ねぎ … 1本（180g）
しょうが（みじん切り）… 1かけ分
片栗粉 … 大さじ1
A｜しょうゆ・みりん … 各大さじ2

作り方

鍋にセット

❶ 長ねぎは斜め薄切りにし、鍋に入れる。
❷ 豚肉は5cm幅に切って片栗粉をまぶし、①に広げ入れる。厚揚げはひと口大にちぎって（a）重ね入れ、しょうがをのせてAを加える。

弱火で30分

ふたをして弱火にかけ、30分加熱する。

POINT

ちぎった凸凹の断面に味がよくからむ！

ちぎり厚揚げの
とろとろ豚肉

厚揚げのギザギザの断面に甘辛味がよくからんだ、ホッとする味。
豚肉は片栗粉をまぶした効果で、柔らかくとろとろとした食感に。

鶏ひき肉

鶏ひき麻婆大根
マーボー

崩した肉そぼろの、食べるところによって異なる、不揃いな肉感が楽しい！
大根の優しい甘みが、辛みやパンチを引き立てます。

| 材料 | 4人分

鶏ももひき肉 … 200g
大根 … 400g
A | にんにく・しょうが（ともにみじん切り）
　　… 各1かけ分
　　酒・しょうゆ・みりん … 各大さじ1
　　豆板醤 … 小さじ2
片栗粉 … 大さじ1（大さじ2の水で溶く）
（好みで）花椒パウダー・長ねぎ（みじん切り）
　　… 各適量

| 作り方 |

鍋にセット

大根は1cm角に切って鍋に入れ、鶏ひき肉は平らになるよう重ね入れる（a）。Aを加える。

弱火で30分

ふたをして弱火にかけ、30分加熱する。

仕上げ

水溶き片栗粉を加え、肉を崩すようにしてよく混ぜながらとろみをつける。器に盛り、好みで花椒、長ねぎをふる。

POINT

ひき肉を平たくならし火入れのムラを防止

鶏ひき肉

材料　4人分

A
- 鶏むねひき肉 … 400g
- 絹ごし豆腐（または充填豆腐）… 100g
- 片栗粉 … 大さじ2
- 塩 … 小さじ1/2

玉ねぎ … 1個（200g）
トマト … 1個（200g）
赤パプリカ … 1個（160g）
塩 … 小さじ1/4
塩麹 … 大さじ2
オリーブ油 … 小さじ1

肉だんご
トマト
パプリカ
玉ねぎ

作り方

鍋にセット

❶ 玉ねぎは8等分のくし形切りにする。鍋にオリーブ油、玉ねぎを順に入れる。パプリカは縦8等分に切って、重ね入れる。トマトは2cm角に切って重ね入れ、塩をふる。
❷ Aはなじむまでよくこねる。①に4等分に丸めて重ね入れる。

弱火で30分

ふたをして弱火にかけ、30分加熱する。

仕上げ

水500mlを加えて中火にし、沸騰したら塩麹を加えて混ぜる。

大きな肉だんごの食べるスープ

水切りなしで作れる豆腐入り肉だんごのふんわり食感と、野菜の甘みが好相性。
無水調理で食材の旨みや甘みを引き出してから、水分を加えるのがポイントです。

豚ひき肉

野菜肉みそ

しょうが風味のみそ味がクセになる！　オムレツの具や豆腐のトッピングなどにも合う、万能肉みそ。冷蔵庫で3〜4日保存可能なので、作り置きにするのもおすすめです。

レタス巻きに

ご飯にのっけて

(材料) 作りやすい分量・4人分

豚ひき肉 … 400g
にんじん … 1本 (150g)
ピーマン … 4個 (120g)
しょうが (みじん切り) … 1かけ分
A│みそ … 大さじ3
 │砂糖・みりん … 各大さじ1
 │塩 … 小さじ1

(作り方)

鍋にセット

❶ にんじんは粗みじんに切って鍋に入れる。ピーマンは1cm角に切って重ね入れる。
❷ 豚ひき肉は平らになるようにして①に重ね入れる。しょうがをのせ、Aを加える。

弱火で20分

ふたをして弱火にかけ、20分加熱する。

仕上げ

よく混ぜる。火が通っていない場合は、さらに加熱する。

牛肉

いちばん簡単な肉じゃが

無水調理中に味が行き渡りながらも、弱火だから食材が揺れず、煮崩れなし！
重ね煮の際に、牛肉としらたきを離して、肉質が硬くなるのを防いでいます。

> 材料　2人分

牛バラ薄切り肉 … 200g
玉ねぎ … 1個（200g）
じゃがいも … 2個（300g）
にんじん … 1本（150g）
しらたき（アク抜き済みのもの）… 100g
さやえんどう … 8枚
A｜しょうゆ … 大さじ3
　｜みりん … 大さじ2
　｜塩 … 小さじ1/2
油 … 小さじ2

> 作り方

鍋にセット

❶ 玉ねぎは1cm厚さに切る。鍋に油、玉ねぎを順に入れる。しらたきは水気を切って、食べやすい長さに切り、重ね入れる。
❷ にんじんは乱切りにし、①に重ね入れる。じゃがいもはひと口大に切り、重ね入れる。
❸ 牛肉は5cm幅に切って②に広げ入れ、**A**を加える。

弱火で30分

ふたをして弱火にかけ、30分加熱する。

仕上げ

火を止めてさやえんどうをのせてふたをし、10分余熱で蒸らす。

牛肉

牛のバジル煮込み

硬くなりやすい牛肉は、下味と片栗粉をまとわせると、ほぐれやすく柔らかに。
野菜ではさんで蒸し煮にすることで、野菜の水分でふっくらと蒸し上がります。

> 材料　2人分

牛薄切り肉（好みの部位）… 300g
玉ねぎ … 1個（200g）
赤パプリカ … 1個（160g）
にんにく（みじん切り）… 1かけ分
バジルの葉 … 10枚
A ｜ 塩 … 小さじ1/4
　｜ 酒・片栗粉 … 各大さじ1
B ｜ 豆板醤 … 小さじ2
　｜ ナンプラー・オイスターソース … 各大さじ1
ごま油 … 小さじ1

> 作り方

鍋にセット

❶ 玉ねぎは1cm角に切る。鍋にごま油、玉ねぎを順に入れる。牛肉は細切りにしてAをまぶし、重ね入れる。
❷ パプリカは1cm幅に切り、重ね入れる。にんにくをのせ、Bを加える。

弱火で20分

ふたをして弱火にかけ、20分加熱する。

仕上げ

火を止め、バジルをちぎり入れて混ぜる。

魚介

材料　2人分

ツナ水煮缶 … 1缶（70g）
玉ねぎ … 1個（200g）
しめじ … 1パック（160g）
しょうが（みじん切り）… 1かけ分
グリーンカレーペースト … 大さじ1
ナンプラー … 大さじ1
ココナッツミルク（または牛乳・無調整豆乳）
　… 1缶（400ml）
オリーブ油 … 小さじ1
（好みで）ご飯・パクチー（ざく切り）… 各適量

作り方

鍋にセット

❶ 鍋にオリーブ油、カレーペースト、しょうがを順に入れる。
❷ 玉ねぎは縦半分に切り、繊維を断つように1cm厚さに切って、①に重ね入れる。しめじは石づきを取って、ほぐしながら重ね入れる。ツナ缶（缶汁ごと）、ナンプラーを加える。

弱火で30分

ふたをして弱火にかけ、30分加熱する。

仕上げ

ココナッツミルクを加えて中火にし、ひと煮立ちさせる。器に盛り、好みでご飯とパクチーを添える。

ツナときのこの
エスニックカレー

缶汁ごと加えたツナと、きのこの味わいがギュッと凝縮。
旨みは濃厚だけど、食べ心地は重くない、大人にぴったりの簡単エスニックです。

魚介

中火の短時間加熱で
食材の食感を
楽しみます

(材 料)　2人分

むきえび … 150g
ブロッコリー … 1/2株(200g)
にんにく(みじん切り) … 1かけ分
塩 … 小さじ1/2
オリーブ油 … 大さじ1
バター … 10g
(好みで)パセリ(みじん切り) … 適量

(作 り 方)

鍋にセット

❶ ブロッコリーは小房に分ける。鍋にオリーブ油、ブロッコリーを順に入れる。
❷ えびを重ね入れて塩をふり、にんにくをのせる。

中火で5分

ふたをして中火にかけ、5分加熱する。

仕上げ

バターを加え、混ぜながら3分ほど加熱する。器に盛り、好みでパセリをふる。

ガーリックシュリンプ

ブロッコリーの食感を楽しむため、あえて中火加熱にした新・無水調理応用バージョン！
えびは蒸し煮終了時点では、まだ半生状態でOK。余熱で火が通るのを逆算しています。

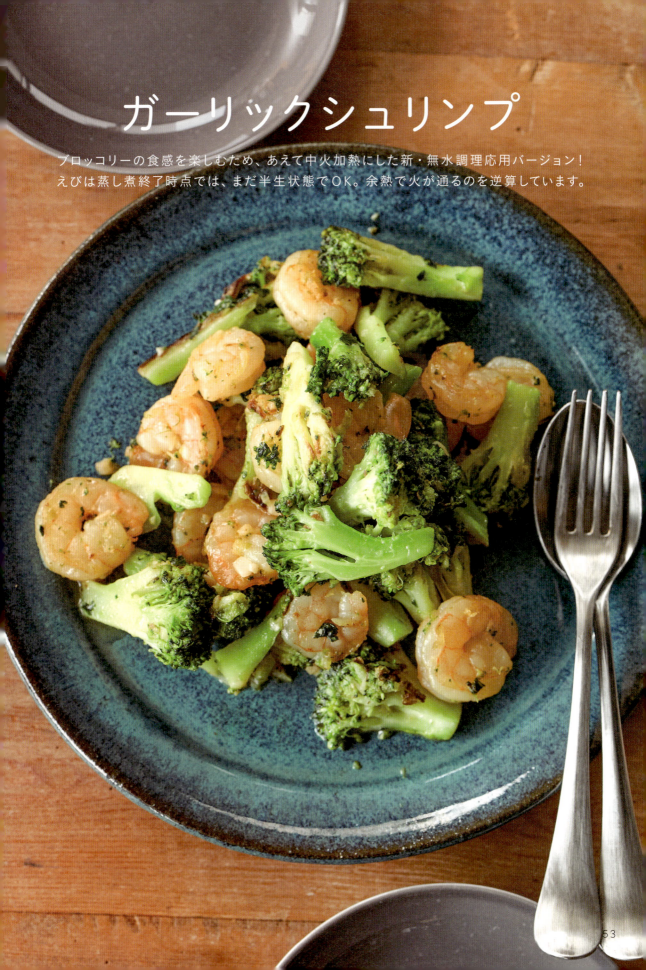

「いちばん簡単」の代表作
ストウブサラダチキンはいかが?

手を動かすのは、たったの1分。嘘みたいですが、本当です。
あとはストウブにお任せすれば、しっとりとしたサラダチキン(蒸し鶏)に。
時間はかかりますが、じんわり、みずみずしさを残しながら、火入れが進んでいる証拠。
放置しただけで理想の味が完成している感動体験、あなたもぜひ!

しっとり柔らか

材料は鶏と塩だけ!

今日はトマトだれで。

トマト1個(200g)を1cm角に切り、長ねぎのみじん切り20g、塩小さじ1/2、ごま油小さじ1を混ぜただけ。蒸し鶏は、さいて梅干しとパクチーと和えたり、サンドイッチの具材にしたりするのもおすすめです。

| 材料 | 作りやすい分量 |

鶏むね肉 … 2枚（1枚300g）
塩 … 小さじ1

| 作り方 |

鍋にセット

鶏肉は鍋の中でフォークを使って全体を刺し（**a**）、両面に塩をふる（**b**）。皮目を下にする。

弱火で30分

ふたをして弱火にかけ、30分加熱する（**c**）。

仕上げ

火を止めて鍋が冷めるまでおく（**d**）。

| 保存する場合 |

保存容器や保存袋に鶏スープごと入れて
・冷蔵 4～5日
・冷凍 2週間
冷凍した場合は、冷蔵解凍がおすすめです。

応用力抜群！

部位変 ➡ 鶏もも肉でもOK。作り方は同様。鶏ささみなら200g用意し加熱時間を15分に。

味変 ➡ レモン汁やレモンの薄切り、ハーブ、ごま油＆しょうがの薄切りを加熱前にプラス。

フォークで刺す
a

肉を貫通させて鍋を傷つけないようにすれば、鍋の中で刺して大丈夫。

肉を返すのもフォークでいける！
デザートフォークを使うと、手先感覚でスイスイできます。

塩をふる
b

すり込まずとも、全体にまんべんなくふれば、味が行き渡ります。

弱火で蒸す
c

加熱後は表面に火が入って全体が白っぽくなっていればOK。火が通っていない場合は、5分ずつ加熱時間を追加して。

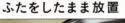
ふたの隙間から蒸気が出ていたら極弱火に

ふたをしたまま放置
d

余熱調理で中まで火が通ります。

おいしい鶏スープも副産物！

活用術 ➡ フォーのスープやみそ汁、雑炊のベースに。

キャベツ

Part 2
手間なし
野菜の副菜

「付け合わせは何にしよう?」「余っている野菜が冷蔵庫に」
そんなときは、野菜別に掲載したこのパートを活用して。
食材の水分を生かした無水調理が得意なストウブなら、
野菜のおいしい水分や栄養を逃さないどころか、
素材本来の旨みや甘みを強く感じる味わいに。
新・無水調理の手法を取り入れているので、何より簡単!

材料 2人分

キャベツ … 1/4個(300g)
塩 … 小さじ1/2
こしょう(粗びき黒こしょうがおすすめ)
　… 少々
オリーブ油 … 大さじ2

作り方

鍋にセット

キャベツは5cm角に切る。鍋にオリーブ油、キャベツを入れ、塩をふる(**a**)。

弱火で20分

ふたをして弱火にかけ、20分加熱する(**b**)。

仕上げ

こしょうをふる(**c**)。

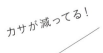
カサが減ってる!

キャベツのオイル蒸し

キャベツのみずみずしい甘みが堪能できる、究極のシンプルレシピ。
甘みがぐんと映えるので、ひき立ての黒こしょうを使うのがおすすめです。

あともう一品が
簡単に作れる！

みずみずしい
食感

うま味調味料を
入れてないのに
奥深い味！

キャベツ

キャベツとわかめのナムル

キャベツもわかめもくたくたになりすぎない、硬めの食感に仕上げます。
ごまの香ばしい風味とわかめの磯の香りがアクセント。

材料　2人分

キャベツ … 300g
塩蔵わかめ … 50g
しょうゆ … 大さじ1
酢 … 大さじ2
白いりごま … 小さじ1
ごま油 … 小さじ1

作り方

鍋にセット

❶ 塩蔵わかめは洗って塩を落とし、水で戻す。キャベツは3cm角に切る。鍋にごま油、キャベツを順に入れる。
❷ 水戻ししたわかめは水気を絞り、食べやすい大きさに切って①に重ね入れ、しょうゆを加える。

弱火で5分

ふたをして弱火にかけ、5分加熱する。

仕上げ

酢と白ごまを加えて混ぜる。

キャベツのおかかバターポン酢

焼き目の香ばしさとジューシーな甘みの両方を味わえるのが、かたまりで焼く醍醐味。バターのコクとポン酢しょうゆの酸味が相性抜群です。

材料 2人分

- キャベツ … 300g
- バター … 10g
- ポン酢しょうゆ … 大さじ2
- かつお節 … 少々

作り方

鍋にセット

キャベツは縦半分に切る。鍋にバターを入れて中火で熱し、バターが溶けたらキャベツの切り口を下にして入れる。

中火で2分

ふたをして、2分加熱する。

仕上げ

火を止めてキャベツを返し、ポン酢しょうゆを加えてふたをし、2分おく。かつお節をかける。

ミニトマト

ミニトマトの肉巻き

ジューシーなトマトとカリッと香ばしい豚バラの、食感のコントラストが◎。
豚バラの旨みをまとった、熱々のトマトとエリンギが絶品です。

材料　2人分

ミニトマト … 8個
豚バラ薄切り肉 … 4枚
エリンギ
　… 1パック（100g）
塩 … 小さじ1/2

作り方

鍋にセット

❶ 豚肉は半分の長さに切る。ミニトマトを豚肉で巻き、巻き終わりを下にして鍋に入れる。
❷ エリンギは長ければ半分に切って、1cm厚さに切る。①に重ね入れて、塩をふる。

弱火で10分

ふたをして弱火にかけ、10分加熱する。

油揚げのチーズトマト煮

ミニトマト、油揚げ、チーズの相乗効果で、塩だけの味付けとは思えない旨みとコクに。
チーズの火入れは、蓄熱効果が高いストウブならではの余熱調理で。

材料 2人分

油揚げ … 2枚
ミニトマト … 8個
塩 … 小さじ1/2
ピザ用チーズ … 30g
(あれば)バジルの葉
　… 5枚

作り方

鍋にセット

油揚げは1cm幅に切り、熱湯をかけて油抜きする。ミニトマトは半分に切る。鍋に油揚げ、ミニトマトを順に入れ、塩をふる。

弱火で10分

ふたをして弱火にかけ、10分加熱する。

仕上げ

火を止めてチーズを加え、ふたをして5分おく。あればバジルの葉をちぎって加える。

じゃがいも

青のりポテト

のり塩味のポテトチップス好きなら、気に入ること請け合い！
じゃがいもに余熱調理で火を通してから、香りが飛ばないよう青のりは最後に。

材料　2人分

じゃがいも … 2個（300g）
玉ねぎ … 1/2個（100g）
塩 … 小さじ1/2
青のり … 小さじ2
オリーブ油 … 大さじ2

作り方

鍋にセット

❶ 玉ねぎはみじん切りにする。鍋にオリーブ油、玉ねぎを順に入れる。
❷ じゃがいもは1cm角に切って、水にさらさず①に重ね入れ、塩をふる。

弱火で30分

ふたをして弱火にかけ、30分加熱する。

仕上げ

火を止めて10分おき、青のりを加えて混ぜる。

ヨーグルトポテサラ

マヨネーズ不使用のヘルシーなポテサラは、ゆずこしょうの爽やかな辛みがアクセント。混ぜる内にじゃがいもが軽く崩れて角が取れ、全体の味がなじみます。

材料　4人分

- じゃがいも … 3個（450g）
- 塩 … 小さじ1/4
- 玉ねぎ … 1/4個（50g）
- プレーンヨーグルト … 大さじ3
- ゆずこしょう … 小さじ1
- オリーブ油 … 大さじ1

作り方

鍋にセット

じゃがいもは3cm角に切って、水にさらし（焦げ防止になる）、水気を切る。鍋にオリーブ油、じゃがいもを順に入れ、塩をふる。

弱火で30分

ふたをして弱火にかけ、30分加熱する。途中で蒸気が出た場合はひと混ぜし、極弱火にする。玉ねぎはみじん切りにする。

仕上げ

火を止めて10分おき、玉ねぎ、ヨーグルト、ゆずこしょうを加えて混ぜる。

長ねぎ

長ねぎのサブジ

付きっきりで炒めなくても、ねぎの甘みをしっかり引き出せるのが、ストウブ無水調理のいいところ。食欲が刺激されるスパイシーな香りです。

材料 2人分

- 長ねぎ … 2本 (360g)
- カレー粉 … 小さじ2
- 塩 … 小さじ1/2
- オリーブ油 … 大さじ1

作り方

鍋にセット

長ねぎは斜め薄切りにする。鍋にオリーブ油、長ねぎを順に入れ、カレー粉、塩をふる。

弱火で20分

ふたをして弱火にかけ、20分加熱する。

仕上げ

火を止めてひと混ぜし、ふたをして10分おく。

長ねぎの簡単だしびたし

柔らかなねぎにおだしがジュワッと染みた、落ち着く味。
かつお節を加えるだけでできる即席だしの簡単アイデアが便利！

材料 2人分

長ねぎ … 2本（360g）
しょうゆ … 大さじ1
みりん … 大さじ1
だし汁 … 100mℓ
（またはかつお節3g
＋水100mℓ）

作り方

鍋にセット

長ねぎは5cm長さに切る。鍋に全ての材料を入れる。

弱火で20分

ふたをして弱火にかけ、20分加熱する。

仕上げ

火を止めて10分おく。

白菜

白菜とかまぼこのエスニック蒸し

かまぼことナンプラーの濃厚な魚介の旨みに、白菜の甘みがマッチ。
くたくたになった白菜とプリンとしたかまぼこの食感が、いいリズムに。

材料　2人分

白菜 … 1/8個（250g）
かまぼこ … 100g
ナンプラー … 大さじ1
オリーブ油 … 大さじ1

作り方

鍋にセット

❶ 白菜は1cm幅に切る。鍋にオリーブ油、白菜を順に入れ、ナンプラーを回し入れる。
❷ かまぼこは1cm幅の棒状に切り、①に重ね入れる。

弱火で20分

ふたをして弱火にかけ、20分加熱する。

白菜のイタリアンソテー

和食や中華に合わせがちな白菜を、イタリアン仕立てにするのが新鮮。
にんにくのパンチと唐辛子の辛みが白菜の甘さを引き立てます。

材料 2人分

白菜 … 1/8個（250g）
にんにく（みじん切り）
　　… 1かけ分
塩 … 小さじ1/2
赤唐辛子 … 1本
オリーブ油 … 大さじ2

作り方

鍋にセット

❶ 白菜は5cm角に切る。鍋にオリーブ油、白菜を順に入れる。にんにくをのせ、塩をふる。
❷ 赤唐辛子は種を取って小口切りにし、①にのせる。

弱火で20分

ふたをして弱火にかけ、20分加熱する。

小松菜

小松菜と
厚揚げの煮物
（作り方は70ページ）

小松菜の
中華炒め
（作り方は70ページ）

にんじん

キャラメル
にんじん
（作り方は71ページ）

しぐれ煮
にんじん
（作り方は71ページ）

69

小松菜

小松菜と厚揚げの煮物

食材のおいしい水分を利用した無水調理の煮物。
葉野菜の食感を残し、煮崩れなしに、味を染み込ませることに成功！

材料 2人分

小松菜 … 1/2束（100g）
厚揚げ … 1個（120g）
しょうゆ … 大さじ1
みりん … 大さじ2

作り方

鍋にセット

❶ 厚揚げは1cm厚さに切って、鍋に入れる。
❷ 小松菜は3cm長さに切って、①に重ね入れ、しょうゆ、みりんを加える。

弱火で20分

ふたをして弱火にかけ、20分加熱する。

小松菜の中華炒め

えびとオイスターソースの海鮮の旨みがギュッ！
シンプルな工程だから、手早さ命といわれる炒め物も焦らずに作れます。

材料 2人分

小松菜 … 1束（200g）
むきえび … 100g
にんにく（みじん切り）
　… 1かけ分
オイスターソース … 大さじ1
ごま油 … 小さじ1

作り方

鍋にセット

❶ 小松菜は3cm長さに切る。
❷ 鍋にごま油を入れて中火で熱し、煙が出たら、えび、小松菜、にんにくを順に入れる。

中火で2分

ふたをして2分加熱する。

仕上げ

オイスターソースを加えて混ぜる。

キャラメルにんじん

にんじんに塩味と油を行き渡らせてコーティング。
旨みや水分が逃げず、びっくりするほど甘い、子どもにも人気の味!

にんじん

材料 2人分

にんじん … 1本 (150g)
塩 … 小さじ1/4
オリーブ油 … 小さじ1

作り方

鍋にセット

にんじんは5cm長さの棒状に切る。鍋にオリーブ油、にんじんを順に入れ、塩をふり、ひと混ぜする。

弱火で20分

ふたをして弱火にかけ、20分加熱する。

仕上げ

火を止めてひと混ぜし、ふたをして10分おく。

しぐれ煮にんじん

ご飯が進む、しょうが風味の甘辛味。
冷めてもおいしいので、お弁当や作り置きおかずにするのもおすすめです。

材料 2人分

にんじん … 1本 (150g)
牛薄切り肉(好みの部位)
　… 100g
しょうが(千切り) … 1かけ分
A | しょうゆ・みりん・砂糖
　　… 各大さじ1
白いりごま … 大さじ1

作り方

鍋にセット

❶ にんじんは細切りにする。鍋にA、しょうが、にんじんを順に入れる。
❷ 牛肉は3cm幅に切って、①に重ね入れる。

弱火で20分

ふたをして弱火にかけ、20分加熱する。

仕上げ

白ごまを加えて混ぜる。

もやし

もやしとツナの
カレーちゃんぷる
（作り方は74ページ）

もやしときくらげの
ナムル
（作り方は74ページ）

大根の
紅白ごま煮
(作り方は75ページ)

大根の
しょうが焼き
(作り方は75ページ)

もやし

もやしとツナのカレーちゃんぷる

シャキッとしたもやしにふんわり卵の、食感のメリハリが楽しい！
蓄熱性の高いストウブだから、卵やスパイスの火入れは余熱調理でOK。

材料 2人分

もやし … 1袋 (200g)
ツナ水煮缶 … 1缶 (70g)
卵 … 1個
カレー粉 … 小さじ1
塩 … 小さじ1/2
オリーブ油 … 小さじ1

作り方

鍋にセット

❶ もやしはさっと洗って水気を切る。
❷ 鍋にオリーブ油を入れて中火で熱し、煙が出たら、もやしを入れる。

中火で1分

ふたをして1分加熱する。

仕上げ

缶汁を切ったツナ、溶いた卵、カレー粉、塩を加えてよく混ぜる。

もやしときくらげのナムル

無水蒸しだから、少ない調味料でも味がよく行き渡ります。
コリコリ食感がアクセント。お酢を効かせ、さっぱりとしたはし休めに。

材料 2人分

もやし … 1袋 (200g)
乾燥きくらげ … 10g
酢 … 大さじ2
しょうゆ … 大さじ1
ごま油 … 小さじ2

作り方

鍋にセット

❶ きくらげは水で戻す。もやしはさっと洗って水気を切る。鍋にごま油、もやしを順に入れる。
❷ 水で戻したきくらげは水気を絞り、大きければ食べやすい大きさに切る。①にきくらげ、酢、しょうゆを順に加える。

弱火で10分

ふたをして弱火にかけ、10分加熱する。

大根の紅白ごま煮

根菜らしい存在感と、香ばしいごまとの好相性が楽しめる一品。
無水調理が引き出した素材本来の甘みを生かし、優しい味付けに。

大根

材料　作りやすい分量

大根 … 1/4本（600g）
にんじん … 1/2本（75g）
A｜しょうゆ・砂糖
　　… 各小さじ2
　　白すりごま … 大さじ1

作り方

鍋にセット

❶ 大根は5cm長さの棒状に切って、鍋に入れる。
❷ にんじんは5cm長さの棒状に切って、①に重ね入れ、Aを加える。

弱火で20分

ふたをして弱火にかけ、20分加熱する。

大根のしょうが焼き

大根をしょうがと蒸してから調味料を加えるのが、香りよく仕上げる秘訣。
たれが煮詰まり、全体に味がからんだら、でき上がりのサイン。

材料　2人分

大根 … 1/8本（300g）
しょうが（すりおろし）
　　… 1かけ分
A｜塩 … 小さじ1/4
　　しょうゆ・砂糖
　　… 各小さじ2
ごま油 … 小さじ1

作り方

鍋にセット

大根はいちょう切りにする。鍋にごま油を入れて中火で熱し、煙が出たら、大根、しょうがを順に入れる。

中火で2分

ふたをして2分加熱する。

仕上げ

Aを加え、混ぜながら1分ほど煮からめる。

column

簡単で最高！ 理想の銀シャリの炊き方

ふたがしっかり閉まり、蓄熱性の高い厚手の素材でできたストウブは、
炊飯も大得意。粒の立ち方、ふっくら食感、甘み、輝くようなツヤ感は感動もの！
短時間で炊き上がるのも魅力です。

直径20cmのストウブで炊く場合は2〜3合がおすすめです

(材料)

・米2合の場合＝水360mℓ
・米3合の場合＝水540mℓ

(作り方)

❶浸水後ざるに上げる

米は水（分量外）でさっと洗って、水を捨てる。米がつかるくらいの水（分量外）にひたして、15分以上おく。ざるに上げ、5分おく。

❷中火にかける

鍋に米と分量の水を入れ、ふたをせず中火にかける。

❸ポコポコしたらひと混ぜ

沸騰してシャボン玉のような大きな泡が一部に出たら、しゃもじでひと混ぜする。

❹再沸騰を確認

全体が再沸騰し、ボコボコと全体に大きな泡が出るまで待つ。

❺ふたをして極弱火で10分

大きな泡が出たらふたをして極弱火に火を弱め、10分加熱する。

❻10分蒸らしてでき上がり

火を止めて10分おく。ふたを開けるときにアロマ・レイン（ふたについたおいしい水滴）を、ちゃんと鍋の中に入れる。

パスタ

Part 3
ワンストウブ主食

「アレコレ作る気力がない」「ランチに手間をかけられない」
そんなときは、タンパク質、野菜、炭水化物が一品でとれる
ワンストウブ主食にお任せあれ。
食材を重ねて蒸し煮にするだけで、乾麺のパスタも、冷凍うどんも、生米も、
ちょうどよく火が入る火加減、加熱時間を徹底研究しました。
別鍋や電子レンジ不要で、革命的な主食が作れます。

材料　2人分

- ペンネ（9分ゆでタイプ）… 100g
- 合いびき肉 … 200g
- 玉ねぎ … 1個（200g）
- にんじん … 1/2本（75g）
- セロリ … 1本（100g）
- カットトマト缶 … 1缶（400g）
- パルメザンチーズ … 大さじ2
- 塩 … 小さじ1
- オリーブ油 … 小さじ1

作り方

鍋にセット

❶ 玉ねぎはみじん切りにする。鍋にオリーブ油、玉ねぎを順に入れる。にんじん、セロリはみじん切りにして、順に重ね入れる。
❷ ひき肉を①に広げ入れ、水にくぐらせたペンネをのせる。トマト缶、塩を加える（**a**）。

中火→極弱火で15分

ふたをして中火にかける（**b**）。ふたの隙間から蒸気が出たら、ひと混ぜして（**c**）、ふたをして極弱火にし15分加熱する（ゆで時間が長いペンネの場合は、その分加熱時間を長めにする）。

仕上げ

よく混ぜ、パルメザンチーズをふる（**d**）。

パスタも
ゆで上がったら
仕上げ！

ラグーパスタ

食材の旨みが凝縮したソース作りとペンネのゆで工程を、ほったらかしで同時に実現！
ペンネがおいしい水分を吸って、ちょうどいいとろみのソースに仕上がります。

麺は別ゆでなし

手間なしランチに

パスタが食材の
旨みを吸ってる！

タンパク質、
野菜、炭水化物を
一皿で！

パスタ

レモンクリームペンネ

レモンのまろやかな酸味が調和した、爽やかな味わいのクリームパスタ。
コールドスタート、無水調理、ワンストウブと、超簡単なのに本格的な味わいです。

材料　2人分

ペンネ（9分ゆでタイプ）… 100g
むきえび … 100g
玉ねぎ … 1/2個（100g）
牛乳 … 200mℓ
レモン果汁 … 1/2個分
バター … 10g
パルメザンチーズ … 大さじ1
塩 … 小さじ1/2
（あれば）パセリ（みじん切り）… 適量

作り方

鍋にセット

❶ 玉ねぎは薄切りにする。鍋にバター、玉ねぎ、えびを順に入れる。
❷ 水にくぐらせたペンネ（a）を①にのせ、牛乳、塩を加える。

中火→極弱火で15分

ふたをして中火にかける。ふたの隙間から蒸気が出たら、ひと混ぜして極弱火にし15分加熱する（ゆで時間が長いペンネの場合は、その分加熱時間を長めにする）。

仕上げ

よく混ぜ、レモン果汁、パルメザンチーズを加えて混ぜる。器に盛り、あればパセリをふる。

POINT

ペンネを水にくぐらせるとくっつかず、食感よく仕上がる

冷凍うどん

材料　2人分

冷凍うどん … 2玉（340g）
豚こま切れ肉 … 200g
長ねぎ … 1本（180g）
しいたけ … 2個
卵 … 2個
しょうゆ … 大さじ2
かまぼこ（食べやすい大きさに切る）・
　三つ葉（ざく切り）… 各適量

作り方

鍋にセット

長ねぎは3cm長さに切る。鍋に入れ、しいたけ、豚肉、冷凍うどんを順に重ね入れ、しょうゆを加える。

弱火で20分

ふたをして弱火にかけ、20分加熱する。

仕上げ

水200mlを注いで（a）中火にし、麺をほぐしてひと煮立ちさせ、弱火にして5分煮る。卵を加えて、好みの加減に火を通し、かまぼこと三つ葉を飾る。

POINT

水を加えるのは
無水調理で
旨みを引き出してから

鍋焼きうどん

冷凍うどんの温めには、ストウブの中で循環する蒸気を有効活用。
肉や野菜から染み出るだしが、麺にじっくり移る効果もあります。しょうゆだけで旨い！

冷凍うどん

材料	2人分

冷凍うどん … 2玉（340g）

鶏もも肉 … 1枚（300g）

長ねぎ … 1本（180g）

にんじん … 1/2本（75g）

みそ・みりん … 各大さじ2

塩 … 小さじ1/4

（好みで）七味唐辛子（または一味唐辛子や粉山椒）
　… 適量

作り方

鍋にセット

❶ 長ねぎは斜め薄切りにし、鍋に入れる。にんじんはいちょう（細ければ半月）切りにし、重ね入れる。
❷ 鶏肉は10等分に切って塩をまぶす。①に鶏肉を重ね入れ、冷凍うどんをのせて、みそ、みりんを加える。

弱火で20分

ふたをして弱火にかけ、20分加熱する。

仕上げ

水200mlを注いで中火にし、麺をほぐしてひと煮立ちさせ、弱火にして5分煮る。器に盛り、好みで七味唐辛子をふる。

みそ煮込みうどん

だし汁やうま味調味料を使っていないとは思えないほどの、奥深い味わいに驚くはず。
野菜から上がる蒸気が鶏肉や冷凍うどんを、ちょうどいい火入れに蒸し上げます。

焼きそば麺

サンラータン煮込み麺

中華生麺ではなく、薄く油でコーティングされた焼きそば麺を使うのがコツ！
麺同士がくっつかず、ワンストウブ加熱がうまくいきます。酸味、辛みがクセに。

材料　2人分

- 焼きそば麺 … 2玉（300g）
- 鶏ひき肉 … 200g
- えのきたけ … 1パック（180g）
- にんじん … 1/2本（75g）
- A
  - しょうが（千切り）… 1かけ分
  - 塩 … 小さじ1/2
  - オイスターソース … 大さじ2
- B
  - 酢 … 大さじ2
  - 水 … 500mℓ
  - 片栗粉 … 大さじ2
- 卵 … 1個
- ごま油 … 大さじ1
- ラー油・小ねぎ（小口切り）… 各適量

鍋にセット図：
鶏ひき肉 / にんじん / えのきたけ

作り方

鍋にセット

❶ えのきたけは半分の長さに切ってほぐす。にんじんは千切りにする。
❷ 鍋にごま油を入れて中火で熱し、煙が出たら、えのきたけ、にんじんを順に入れて、鶏ひき肉を広げ入れ、Aを加える。

中火で2分

ふたをして2分加熱する。Bは合わせて溶いておく。

仕上げ

焼きそば麺とBを加え（**a**）、混ぜながらとろみをつけ（**b**）、ひと煮立ちさせる。卵を溶いて加え、火が入るまで加熱する。器に盛り、ラー油をかけて、小ねぎをふる。

無水調理後、焼きそば麺をイン

POINT

片栗粉入りの酢水でとろみづけをラクに

混ぜながら加熱すればダマ知らず！

焼きそば麺

煮込み五目麺

野菜の食感を残したいときは、短時間の無水調理で。水溶き片栗粉を加えて加熱すれば
具だくさんのあんが完成。少ない調味料でも、食材が持つ旨みや香りの効果で深い味に。

材料　2人分

焼きそば麺 … 2玉 (300g)
豚こま切れ肉 … 200g
玉ねぎ … 1/2個 (100g)
にんじん … 1/2本 (75g)
ピーマン … 2個 (60g)
しょうゆ … 大さじ2
塩 … 小さじ1/2
油 … 小さじ1
A | 水 … 500ml
　 | 片栗粉 … 大さじ2

作り方

鍋にセット

❶ 玉ねぎは薄切りに、にんじんとピーマンは千切りにする。
❷ 鍋に油を入れて中火で熱し、煙が出たら、玉ねぎ、にんじん、豚肉、ピーマンを順に入れて、しょうゆ、塩を加える。

中火で2分

ふたをして2分加熱する。Aは溶いておく。

仕上げ

焼きそば麺とAを加え、混ぜながらとろみをつけ、ひと煮立ちさせる。

無水調理後、焼きそば麺をイン

ご飯

材料　2人分

米 … 1合
玉ねぎ … 1/2個（100g）
ベーコン … 50g
塩 … 小さじ1/2
オリーブ油 … 大さじ1
パルメザンチーズ … 大さじ3
こしょう（粗びき黒こしょうがおすすめ）… 少々

作り方

鍋にセット

❶ 玉ねぎとベーコンはみじん切りにする。鍋にオリーブ油を入れて中火で熱し、玉ねぎとベーコンをよく炒める。
❷ 玉ねぎが透明になったら米を加え、米が熱くなるまで炒める（a）。熱湯300mlと塩を加えて（b）ひと混ぜする。

極弱火で15分

ふたをして極弱火にし、15分加熱する。

仕上げ

パルメザンチーズとこしょうをふる。

POINT

鍋底に米がくっつくまで
炒めると
粒立つ仕上がりに

温度が下がらないよう
熱湯を加えると
米の粘りが出ない

チーズリゾット

米は研がずに、炒めてオイルコーティングすると、一粒一粒が立ったアルデンテに。シンプルな材料ながら、噛み締めたくなる、プロ顔負けのおいしさです。

ご飯

材料　2人分

温かいご飯 … 200g
えのきたけ … 1/2パック(90g)
ボイルほたて … 100g
塩 … 小さじ1/2
卵 … 1個
三つ葉(ざく切り) … 少々

作り方

鍋にセット

えのきたけは細かく刻む。鍋にえのきたけ、ほたてを順に入れ、塩をふる。

弱火で5分

ふたをして弱火にかけ、5分加熱する。

仕上げ

水400mlとご飯を加えて中火にし、ひと煮立ちさせる。卵を溶いて加え、火が通るまで加熱する。器に盛り、三つ葉をのせる。

海鮮塩雑炊

まるで"旨み爆弾"。えのき、ほたて、塩だけで、食材の魅力が凝縮された濃厚なだしに。
ご飯に味をまとわせ、卵で優しくつなぐだけで、もうごちそうです。

INDEX

【肉・肉の加工品】

◎牛肉
いちばん簡単な肉じゃが …………… 46
牛のバジル煮込み ………………… 48
しぐれ煮にんじん ………………… 71

◎鶏肉
鶏むね肉のチーズソテー ………… 18
鶏むねのチンジャオロース ……… 20
鶏むね肉のチリトマ煮込み ……… 22
なすと鶏もものしょうが煮込み … 24
鶏の照り焼き ……………………… 25
ストウブサラダチキン …………… 54
みそ煮込みうどん ………………… 84

◎豚肉
新・無水カレー …………………… 10
豚こまハヤシ ……………………… 26
豚こま柳川煮 ……………………… 28
豚こまジンギスカン ……………… 29
タンドリーポーク ………………… 30
豚の黒酢煮込み …………………… 32
はんぺんの肉巻き ………………… 34
豚とキャベツのミルフィーユ …… 36
ちぎり厚揚げのとろとろ豚肉 …… 38
ミニトマトの肉巻き ……………… 60
鍋焼きうどん ……………………… 82
煮込み五目麺 ……………………… 88

◎ひき肉
鶏ひき麻婆大根 …………………… 40
大きな肉だんごの食べるスープ … 42
野菜肉みそ ………………………… 44
ラグーパスタ ……………………… 78
サンラータン煮込み麺 …………… 86

◎ベーコン
チーズリゾット …………………… 90

【魚介・魚介の加工品・海藻】

◎えび
ガーリックシュリンプ …………… 52
小松菜の中華炒め ………………… 70
レモンクリームペンネ …………… 80

◎かまぼこ
白菜とかまぼこのエスニック蒸し … 66

◎ツナ水煮缶
ツナときのこのエスニックカレー … 50
もやしとツナのカレーちゃんぷる … 74

◎はんぺん
はんぺんの肉巻き ………………… 34

◎ほたて
海鮮塩雑炊 ………………………… 92

◎わかめ
キャベツとわかめのナムル ……… 58

【野菜】

◎青じそ
はんぺんの肉巻き ………………… 34

◎いんげん
鶏の照り焼き ……………………… 25

◎かぼちゃ
鶏むね肉のチリトマ煮込み ……… 22

◎キャベツ
豚こまジンギスカン ……………… 29
豚とキャベツのミルフィーユ …… 36
キャベツのオイル蒸し …………… 56
キャベツとわかめのナムル ……… 58
キャベツのおかかバターポン酢 … 59

◎ごぼう
豚こま柳川煮 ……………………… 28

◎小松菜
小松菜と厚揚げの煮物 …………… 70
小松菜の中華炒め ………………… 70

◎じゃがいも
タンドリーポーク ………………… 30
いちばん簡単な肉じゃが ………… 46
青のりポテト ……………………… 62
ヨーグルトポテサラ ……………… 63

◎大根
鶏ひき麻婆大根 …………………… 40
大根の紅白ごま煮 ………………… 75
大根のしょうが焼き ……………… 75

◎玉ねぎ
新・無水カレー …………………… 10
鶏むね肉のチリトマ煮込み ……… 22
豚こまハヤシ ……………………… 26
タンドリーポーク ………………… 30
大きな肉だんごの食べるスープ … 42
いちばん簡単な肉じゃが ………… 46
牛のバジル煮込み ………………… 48
ツナときのこのエスニックカレー … 50
青のりポテト ……………………… 62
ヨーグルトポテサラ ……………… 63
ラグーパスタ ……………………… 78
レモンクリームペンネ …………… 80
煮込み五目麺 ……………………… 88
チーズリゾット …………………… 90

◎トマト・ミニトマト・トマト缶
鶏むね肉のチリトマ煮込み ･････････ 22
豚とキャベツのミルフィーユ ･･･････ 36
大きな肉だんごの食べるスープ ･･････ 42
ミニトマトの肉巻き ･･････････････ 60
油揚げのチーズトマト煮 ･･･････････ 61
ラグーパスタ ･･･････････････････ 78
◎長ねぎ
豚こま柳川煮 ･･･････････････････ 28
ちぎり厚揚げのとろとろ豚肉 ･･･････ 38
長ねぎのサブジ ･････････････････ 64
長ねぎの簡単だしびたし ･･･････････ 65
鍋焼きうどん ･･･････････････････ 82
みそ煮込みうどん ･･･････････････ 84
◎なす
なすと鶏もものしょうが煮込み ･････ 24
◎にんじん
新・無水カレー ･････････････････ 10
豚こまジンギスカン ･･････････････ 29
野菜肉みそ ･･･････････････････ 44
キャラメルにんじん ･･････････････ 71
しぐれ煮にんじん ･･･････････････ 71
大根の紅白ごま煮 ･･･････････････ 75
みそ煮込みうどん ･･･････････････ 84
サンラータン煮込み麺 ･･･････････ 86
煮込み五目麺 ･･･････････････････ 88
◎白菜
白菜とかまぼこのエスニック蒸し ･･･ 66
白菜のイタリアンソテー ･･･････････ 67
◎パプリカ・ピーマン
鶏むねのチンジャオロース ･･･････ 20
野菜肉みそ ･･･････････････････ 44
牛のバジル煮込み ･･･････････････ 48
◎ブロッコリー
鶏むね肉のチーズソテー ･･･････････ 18
ガーリックシュリンプ ･･･････････ 52
◎もやし
もやしとツナのカレーちゃんぷる ･･･ 74
もやしときくらげのナムル ･･･････ 74

【きのこ】
◎えのきたけ
はんぺんの肉巻き ･･･････････････ 34
サンラータン煮込み麺 ･･･････････ 86
海鮮塩雑炊 ･･･････････････････ 92
◎エリンギ
鶏の照り焼き ･･･････････････････ 25
ミニトマトの肉巻き ･･････････････ 60

◎きくらげ
もやしときくらげのナムル ･･･････ 74
◎しめじ
豚こまハヤシ ･･･････････････････ 26
ツナときのこのエスニックカレー ･･･ 50

【卵・牛乳・乳製品】
◎卵
豚こま柳川煮 ･･･････････････････ 28
もやしとツナのカレーちゃんぷる ･･･ 74
鍋焼きうどん ･･･････････････････ 82
海鮮塩雑炊 ･･･････････････････ 92
◎牛乳
レモンクリームペンネ ･･･････････ 80
◎チーズ
鶏むね肉のチーズソテー ･･･････････ 18
油揚げのチーズトマト煮 ･･･････････ 61
チーズリゾット ･････････････････ 90
◎バター
ガーリックシュリンプ ･･･････････ 52
キャベツのおかかバターポン酢 ･･････ 59

【大豆の加工品】
◎厚揚げ
ちぎり厚揚げのとろとろ豚肉 ･･･････ 38
小松菜と厚揚げの煮物 ･･･････････ 70
◎油揚げ
油揚げのチーズトマト煮 ･･･････････ 61
◎豆腐
大きな肉だんごの食べるスープ ･･････ 42

【ご飯・麺・そのほか】
◎米・ご飯
理想の銀シャリの炊き方 ･･･････････ 76
チーズリゾット ･････････････････ 90
海鮮塩雑炊 ･･･････････････････ 92
◎うどん
鍋焼きうどん ･･･････････････････ 82
みそ煮込みうどん ･･･････････････ 84
◎焼きそば麺
サンラータン煮込み麺 ･･･････････ 86
煮込み五目麺 ･･･････････････････ 88
◎パスタ
ラグーパスタ ･･･････････････････ 78
レモンクリームペンネ ･･･････････ 88
◎しらたき
いちばん簡単な肉じゃが ･･･････････ 46

大橋由香(おおはし・ゆか)

料理研究家。「ストウブビストロ はるひごはん」店主。調理学校を卒業後、フレンチレストラン勤務などを経て、2014年神奈川県厚木市にカフェをオープン。ストウブの無水調理で作る家庭料理が評判となり、ストウブ人気の火付け役に。飲食店のプロデュース、企業とのレシピ開発、イベント講師等、幅広く活躍。ツヴィリングJ.A. ヘンケルスジャパンからの依頼を受け、全国各地でストウブを使った調理デモンストレーションも行う。オンラインでの料理教室「はるひごはんオンライン」、YouTubeチャンネル「ずぼら料理教室」を主宰。『ストウブはじめまして』『もっとストウブはじめまして』(ともに家の光協会)、「ストウブで無水調理」シリーズ(誠文堂新光社)、『「ストウブ」だから手間なしでおいしい無水煮込み』(主婦と生活社)など著書多数。

はるひごはん ストウブビストロ×厚木野菜
神奈川県厚木市幸町1-14
https://www.haruhigohan.com/
Instagram:@haruhigohan

デザイン　高橋朱里(マルサンカク)
撮影　鈴木信吾
編集　鹿志村杏子
スタイリング　片山愛沙子
イラスト　ナカオテッペイ
調理アシスタント　吉岡千佳／前田千佳
校正　濱口静香
DTP制作　天龍社

道具協力
STAUB(ストウブ)
ツヴィリングJ.A. ヘンケルスジャパン
0120-75-7155
https://www.zwilling.com/jp/staub/

デニオ総合研究所
03-6450-5711
https://www.deniau.jp/

撮影協力
JAあつぎ
https://www.ja-atsugi.or.jp/

弱火で放っておくだけ
いちばん簡単！
ストウブはじめまして

2024年10月20日　第1刷発行

著　者　　大橋由香
発行者　　木下春雄
発行所　　一般社団法人 家の光協会
　　　　　〒162-8448
　　　　　東京都新宿区市谷船河原町11
　　　　　電話 03-3266-9029(販売)
　　　　　　　 03-3266-9028(編集)
　　　　　振替 00150-1-4724
印刷・製本　株式会社東京印書館

乱丁・落丁本はお取り替えいたします。
定価はカバーに表示してあります。
本書のコピー、スキャン、デジタル化等の無断複製は、著作権法上での例外を除き、禁じられています。
本書の内容の無断での商品化・販売等を禁じます。

©Yuka Ohashi 2024 Printed in Japan
ISBN978-4-259-56817-7 C0077